Hecho con amor para

....

Por

....

Este libro está diseñado para inspirarte a escribir
sobre tus recuerdos siguiendo las
instrucciones. Algunas preguntas pueden ser
difíciles de contestar o incluso no sean aplicables,
está bien; puedes cambiar las preguntas y
adaptarlas a tus circunstancias o escribir sobre
porqué te resulta difícil. También puedes dibujar,
hacer bocetos, garabatear o adjuntar dibujos
en las páginas para revivir tus recuerdos.
Sobre todo, diviértete rellenando este libro y
dáselo a tu hijo/a, así también podrá guardar tus
recuerdos.

¿Puedes hablarme sobre la época y el lugar en el que naciste? Cual es la historia?

¿Cuáles son tus primeros recuerdos al crecer?

¿ Puedes hablarme sobre la familia de tu madre?

¿Puedes hablarme sobre la familia de tu padre?

¿ Qué otras historias interesantes conoces sobre otra gente de tu familia ?

_____

_____

_____

_____

_____

_____

_____

_____

_____

_____

_____

_____

_____

_____

_____

_____

_____

_____

¿ Dónde viviste cuando eras niño? ¿ Qué es lo que mas recuerdas?

¿ Cuales eran tus juguetes o juegos de infancia favoritos?

¿ Qué mascotas tenías? ¿ Como se llamaban?
¿ Te hubiese gustado tener mas mascotas?

¿ Tuviste vacaciones de niño y qué es lo que recuerdas?

Háblame sobre tus amigos cuando eras pequeño. Quien fue tu mejor amigo/a

¿ Cómo se llamaba tu escuela? ¿ Tuviste algún maestro preferido?

¿ En qué eras bueno? ¿ Cual era tu asignatura preferida?

Cuéntame una historia interesante o divertida sobre tu infancia.

_____

_____

_____

_____

_____

_____

_____

_____

_____

_____

_____

_____

_____

_____

_____

_____

_____

¿Qué querías ser cuando fueses mayor?

¿ Qué canción o música te gustaba cuando eras pequeño? ¿Tenías una canción favorita?

Háblame sobre libros que te gustaba leer o películas o programas de televisión que solías ver.

¿ Como recuerdas tu adolescencia?

¿ Qué música escuchabas y qué películas recuerdas en tu adolescencia?

¿ Alguna vez te rompieron el corazón?

¿Cuál fue tu primer trabajo?

¿ Qué hubieses querido hacer que no hiciste?

¿ Mantuviste al crecer los mismos amigos de la infancia? ¿ Hiciste nuevos amigos en la adolescencia?

¿En qué líos te metiste? ¿Por qué cosas te alabaron?

¿Cómo conociste a Mamá?

¿ Cuál ha sido tu dicho o cita favorita?

¿ Que piensas sobre ser padre?

¿ Puedes nombrarme algunas de tus cosas favoritas? Por ejemplo, comida preferida, deporte, color...o cosas como el olor a hierba recién cortada, paseos de domingo, días soleados...

¿ Te arrepientes de algunas cosas? ¿ Por qué o por qué no?

¿ Qué consejo te dieron tus padres?

¿ Qué consejo me darías ahora?

¿ Cual ha sido tu mejor día en tu vida hasta ahora?

El resto de este libro es para cualquier historia o recuerdo interesante que quieras contar. Tambien puedes dibujar o pegar fotos que forman parte de tu historia.
Sobre todo, diviértete!

Un buen padre

vale mas que

una escuela con

100 maestros

Ser padre es la única profesión

en la que primero recibes el título

y luego cursas la carrera.

Mejor Padre del Mundo

Made in the USA
Middletown, DE
07 August 2023